Discovery Education 探索·科学百科（中阶）

1级C3 欧洲中世纪

全国优秀出版社
全国百佳图书出版单位 广东教育出版社 学乐

中国少年儿童科学普及阅读文库

探索·科学百科™

中阶

欧洲中世纪

1级C3

[澳]路易丝·帕克⊙著

陈祖龙（学乐·译言）⊙译

EDUCATION™

全国百佳图书出版单位　　广东教育出版社　学乐

广东省版权局著作权合同登记号

图字：19-2011-097号

Copyright © 2011 Weldon Owen Pty Ltd

© 2011Discovery Communications, LLC. Discovery Education™ and the Discovery Education logo are trademarks of
Discovery Communications, LLC, used under license.

Simplified Chinese translation copyright © 2011 by Scholarjoy Press, and published by GuangDong Education
Publishing House. All rights reserved.

本书原由 Weldon Owen Pty Ltd 以书名*DISCOVERY EDUCATION SERIES · Medieval Times*

（ISBN 978-1-74252-155-8）出版，经由北京学乐图书有限公司取得中文简体字版权，授权广东教育
出版社仅在中国内地出版发行。

图书在版编目（CIP）数据

Discovery Education探索·科学百科. 中阶. 1级. C3，欧洲中世纪/[澳]路易丝·帕
克著；陈祖龙（学乐·译言）译. 一广州：广东教育出版社, 2012.6

（中国少年儿童科学普及阅读文库）

ISBN 978-7-5406-9084-7

Ⅰ.①D… Ⅱ.①路… ②陈… Ⅲ.①科学知识—科普读物 ②欧洲—中世纪
史—少儿读物 Ⅳ.①Z228.1 ②K503-49

中国版本图书馆 CIP 数据核字(2012)第086421号

Discovery Education探索·科学百科（中阶）
1级C3 欧洲中世纪

著 [澳]路易丝·帕克　　译 陈祖龙（学乐·译言）

责任编辑 张宏宇 李 玲　　**助理编辑** 能 昀 李开福　　**装帧设计** 李开福 袁 尹

出版 广东教育出版社

　　地址： 广州市环市东路472号12—15楼　　**邮编：** 510075　　**网址：** http://www.gjs.cn

经销 广东新华发行集团股份有限公司　　　　　　**印刷** 北京顺诚彩色印刷有限公司

开本 170毫米×220毫米　16开　　　　　　　　**印张** 2　　　　　　**字数** 25.5千字

版次 2016年3月第1版　第2次印刷　　　　　　**装别** 平装

　　　　　　ISBN 978-7-5406-9084-7　　**定价** 8.00元

内容及质量服务 广东教育出版社 北京综合出版中心

　　　　　　电话 010-68910906 68910806　　**网址** http://www.scholarjoy.com

质量监督电话 010-68910906 020-87613102　　**购书咨询电话** 020-87621848 010-68910906

目录 | Contents

中世纪社会

欧洲的中世纪时期是指从公元约 1000 年到公元 1600 年之间的历史时期。中世纪的社会结构非常明确，社会依靠着一套叫做封建制度的系统来严格运作。这套系统形如金字塔：国王位于金字塔顶端；国王之下，是贵族及骑士，而农民与奴隶则处在最底层。这套系统中的每一个人都因一系列的权利和义务被联系在了一起。

国王

国王拥有所有权力、所有土地，并统治民众。他将自己的部分土地分封给贵族，而贵族可以世代继承这些土地。作为回报，贵族向国王效忠，并在战时为国王提供士兵。

贵族、主教和十字军

贵族向骑士分配土地以换取对方的效忠。主教的地位跟贵族类似，同时还享有许多权力。十字军是以上帝的名义进行征伐的骑士。

骑士

骑士来自社会的上流家族，接受过良好的马术和作战训练。他们发誓效忠领主，为领主参战。作为交换，他们受封土地。

农民、工人和农奴

这些人群占了社会金字塔的九成。他们在贵族或骑士的土地上劳作谋生，通过劳动支付田租。大部分人都受制于土地和地主。

内务总管

掏粪工

厨工

女仆

城堡服务人员

　　城堡服务人员包括服侍城堡女主人的女仆，监管城堡产业和内务的总管，以及厨工。最难获人青睐的岗位要数掏粪工。掏粪工负责清洁城堡的每个角落，尤其是粪坑。

城堡内貌

城堡是领主居住的地方，经过了特别的加固。城堡领主可以是国王，也可以是贵族。久而久之，城堡的建筑结构变得越来越复杂。城堡围墙之内，一般分为两个区域。外围区域建有牲畜棚和工坊，而内部区域是城堡的主要部分，建有厨房、小教堂、大堂，以及领主家族的卧室。

卧室
王室卧室占了国王塔楼的两层空间。国王有时候会把自己的宝藏藏在地板下。

暗门

隐匿于大堂之中，可以迅速将囚犯带去地牢。

大堂

囚犯会在大堂里被带到国王面前。宴会也在此举行。

箭塔

吊桥

维修起重机

一个大型滑轮装置，用来搬运城堡维修所需的沉重石块。

城堡的建造

最早的城堡是用木材建造的，不过之后又用石料加固，使之更难攻陷。人们在城堡四周开凿沟渠，往里面注水，形成护城河。最终修建完成的城堡成了一座庞然大物，有 5 米厚的城墙以及站满箭手的塔楼。

打猎

　　上流阶层出行打猎，不仅是获得食物的手段，也是一种体育活动。他们通常遣狗追捕鹿、野猪，自己则驾马跟随其后。他们还会驯养诸如猎鹰、鹰隼、红隼等猛禽，用以攻击鸽群和野鸡。

封建主的大餐

　　贵族家庭的盛大餐宴，说是其家庭传统一点也不为过。封建主会落座于最高的餐桌，位置离厨房最远。而他的家族成员和宾客则坐在大厅中排开的长凳上，越穷的成员坐得离贵宾席越远。

精致菜肴

有时候，宴会菜肴会有珍奇动物作为亮点，例如孔雀。烹调前会先将孔雀剥皮，做好以后又会连皮带羽毛缝回孔雀身上。

休闲娱乐

虽然城堡里劳务繁多，但还是有时间休闲娱乐的。礼拜天就是休息日。在那天，什么工作也不用做。听听音乐、下下棋、打打猎乃至踢场大型足球赛，都是当时最受欢迎的消遣活动。

乐师

城堡大堂两侧的画廊站有乐师，乐师演奏的乐器包括了喇叭、琵琶和竖琴等中世纪乐器。

小丑

小丑给人们带来简单轻松的娱乐。他们讲笑话，唱歌，说谜语，还会跳舞。

演奏音乐

在大堂内举行的大多数聚会中，都会有木管和铜管乐器演奏。在私人聚会中，乐师会用琵琶或长笛演奏情歌。

喇叭

琵琶

竖笛

原始木笛

三弦乐器

农作

在 中世纪，大部分人以务农为生。农民租用贵族和骑士的土地耕作以求生存。为了尽可能多的收成且达到最高的生产率，他们四季劳作不辍。

这是一块耕好了的地，将迎接播种。

长满正在长的小麦田地。

冬
人们在冬天砍伐林木，建造围栏；给农田施肥以肥沃土壤；另外冬季也是制作或修复工具的时候。

种子在地里等待春天到来。

休耕的田地被用作玩耍的场所。

新的休耕地。

春

人们在春天耕地播种，种子将生长发育，到了秋天便可收获。他们还要照顾新生的家禽，例如小羊羔。

税负

一个农民需上缴超过六成的庄稼收成，以致留给自家的收成非常少。

10% 缴纳给教堂

25% 缴纳给封建主

25% 储作来年种子

40% 留给自家

夏

人们在夏天收割小麦，剪羊毛，割草喂牛。

秋

人们在秋天收割燕麦和大麦，放猪出圈，给橡树施肥，榨葡萄汁酿酒。蜂蜜和苹果树也到了收成之时。

剪下的羊毛将被送往市场。

收割小麦。

休耕的田地。

重新耕地播种，为来年夏天小麦做准备。

兵临城下

城堡争夺是中世纪的兵家常事。进犯一方若不先攻克城堡，则寸土不得。进犯一方为进入城堡，会尝试火烧、砸墙和攀爬城墙这些招数。另一种招数是切断对方城堡的粮水供给，饿死城堡内的人，这种招数有时需几个月时间才能奏效。

攻城塔

木制而成，装有轮子来移动。塔内有通向塔顶的梯子。箭手站在塔上向城堡内射箭。

投石机

这种弹射装置将巨石掷向高墙。飞石射程可达200米。

挖隧道

有时攻方会在城墙下挖隧道。他们会在地底下烧火，使地面的城墙倒塌或者干脆暗渡隧道进城，进行突袭。

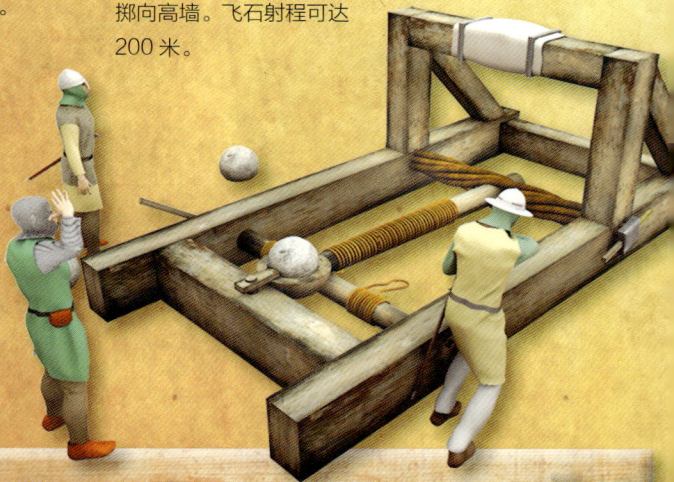

猛攻城楼

这是一种战略性进攻，通常会密集攻击城楼或城堡城墙上的某一座塔。

夺命暴雨

将滚烫的水或油从箭孔中倒入，浇在里面的人们身上。

推倒云梯！

攻城士兵利用云梯试图爬进城堡，但守兵会用长杆推倒云梯，使爬云梯的大多数士兵坠地身亡。

闸门

以木或铁制成，厚重结实，是城堡防御的最后一道关卡。

围城掷物

石块是最有效的投射物，不过攻方也会用热锅、沸水甚至染有疾病的动物尸体投射。

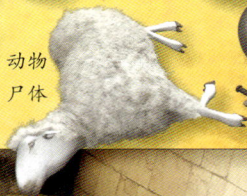

沸水

圆石

火罐

动物尸体

巨石

投入战斗

中世纪骑士的训练和战斗方式，跟今日的军队差别极大。他们分散在各自宗族训练，作战策略简单而有效。骑士骑着马向对手发起进攻，使得自己比徒步作战的士兵胜出一筹。不过，一旦骑士卷入战斗，马匹有可能难以驾驭。军队人数最多的一方并非总是胜者，战斗的胜负通常是取决于作战策略的成功与否。

假营地
一方扎起空帐篷迷惑敌方。

佯军
一小撮受矛兵保护的骑
二假装是主力军队。

战斗展开
出其不意和后发制人，是中世纪用得最成功的战术。在这场战斗中，蓝军向红军进攻，看起来必胜无疑。不过，其实红军主力被藏了起来，正伺机痛杀蓝军。

骑士的绝境

　　如果骑士跌下马，便极易受到攻击。一旦跌下马，他会被老道的矛兵、剑士攻击，也会暴露机会给箭手。

一个骑士受到致命一击

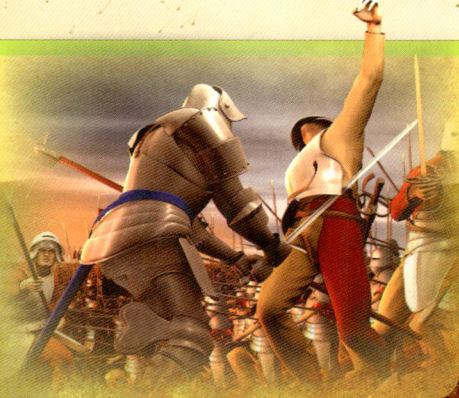

箭手
一队箭手会被策略性地安置在安全之处，忍而不发。当时机到来，他们便会射出一波箭雨打乱冲锋部队。

骑士团进攻
骑士团的攻击通常会对战斗起到巨大的作用，常被用作冲垮守方的前线。

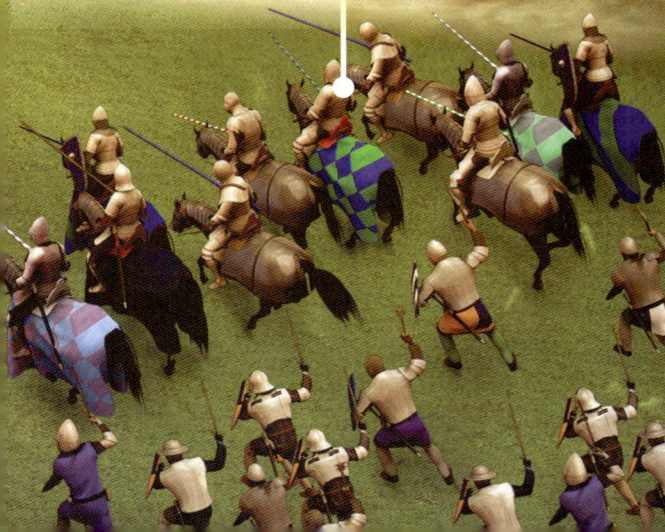

奇兵
蓝军一发动全攻，事先藏匿的红军便从侧翼杀出，获胜几率颇大。

骑士养成之路

被选作培养为骑士的男童在 7 岁时会被带走。通常他会被带去亲戚家，做骑士童仆。到了 14 岁，他会在骑士的城堡内被骑士封为侍从。在 5 年的训练之后，他就会成为一个受过全面培训的骑士。由于盔甲与马匹耗价昂贵，只有出身于最富裕家庭的男童才有机会成为骑士。

上课

童仆会接受地理、历史、宗教、基本读写等教育。他的老师是城堡里的教士。

餐桌礼仪

童仆需在餐桌旁服侍领主，学习餐桌礼仪，如果没有做好，他就会受到惩罚。

学武

训练是极重要的一环。侍从用木制剑盾学习武术。他们还会练习摔跤并进行其他体育活动，来提高身体素质。

学习马上枪术

侍从会使用一种特制的枪靶装置，来练习在马背上作战。在刺中目标之后，侍从须小心驾马，避开装置另一端的沙袋，以免被打倒。

册封

经过册封仪式后，侍从便正式成为骑士。在册封的仪式上，侍从跪在他的主人面前，主人会用剑拍他的肩膀，并宣布他成为骑士。

盔甲与武器

骑士会披戴防御性盔甲，来增加在战斗中存活的机会。早期的盔甲，是由皮革或锁链制成。这类盔甲富有弹性，但不能很好地抵挡箭击。在 13 世纪末，人们使用金属板来制作盔甲。这种盔甲被称为板甲。一套板甲可重达 25 千克。骑士会使用长矛和剑来保护自己，也会使用斧或其他长柄武器。

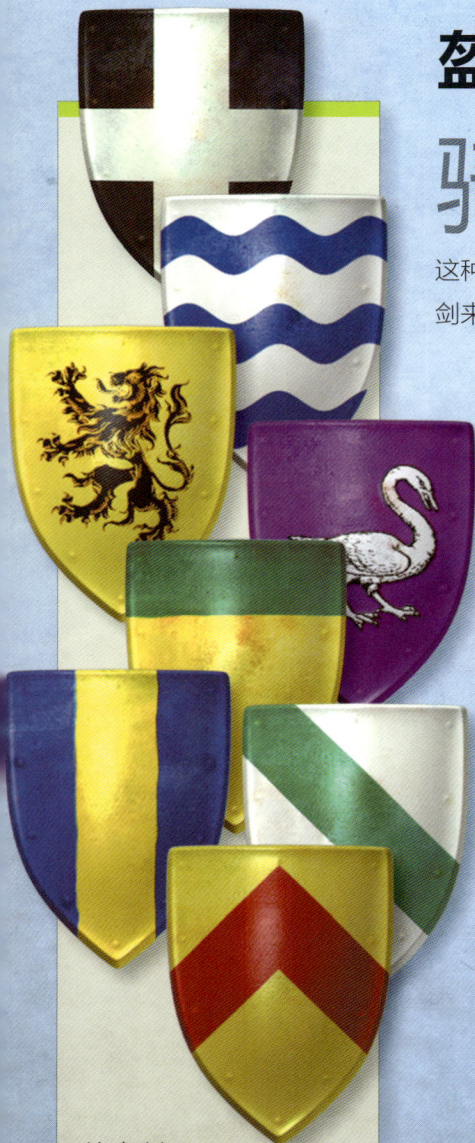

短剑和鞘

武器

步兵主要由农民组成，他们会使用一切能用得上的武器，甚至包括耙子。他们还会使用长剑，剑身长度可达 175 厘米。

绞弩

战锤

链锤

纹章制

纹章制是一种身份辨识系统，用来在战场上辨认身着全套盔甲的骑士。在骑士的盾牌、战袍上会缝上派别徽章。有时候，甚至战马也要披上纹章袍。

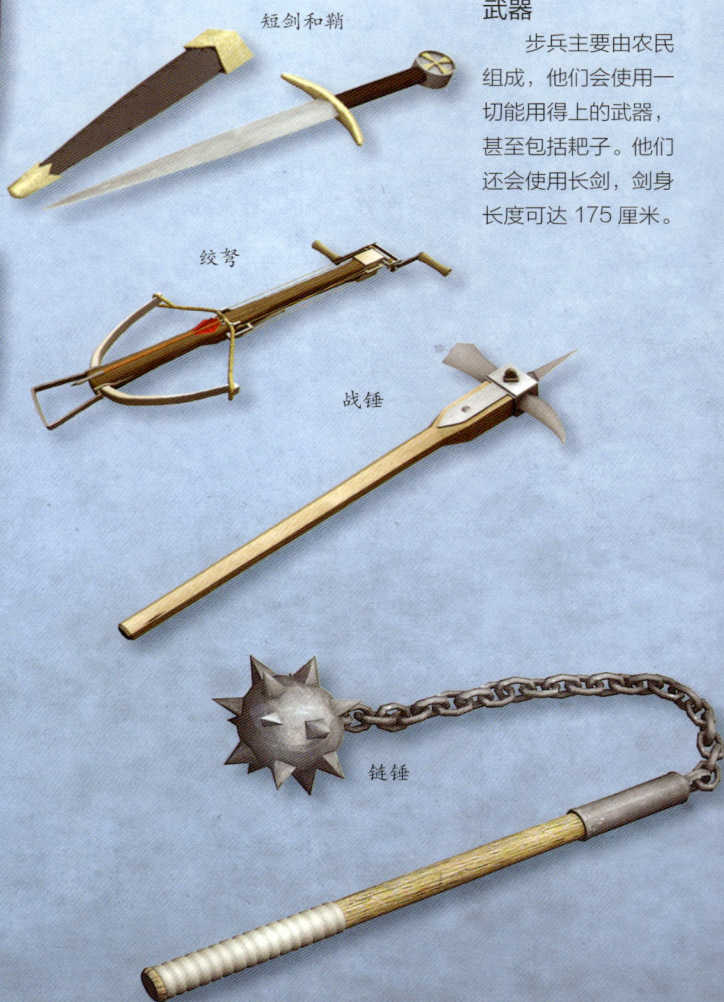

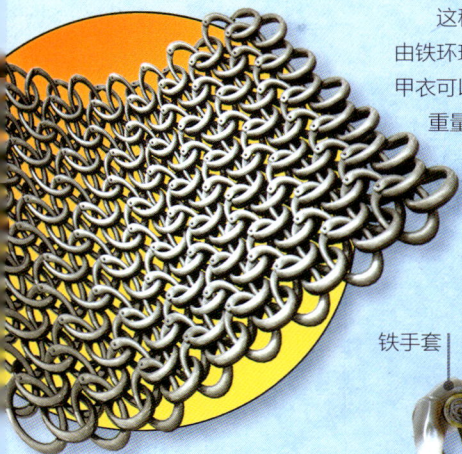

锁子甲

这种廉价而被广泛使用的铠甲由铁环环环相连而成。一件这样的甲衣可以包含 30 000 多个铁环，重量可达 14 千克。

头盔

甲布

颈甲

挡矛甲

护肩

护肘

铁手套

臂甲

胸甲

胸衣

五段甲

十字型护手

腿甲

锁链裤

血沟

裤甲

筒裤

膝罩

膝罩

护踁

皮靴

12 世纪

14 世纪

盔甲种类

中世纪时期，盔甲经历了显著的演变。12 世纪早期，骑士身着的是锁子甲长袍。而到了 14 世纪末，板甲成为了最受骑士欢迎的盔甲，原因在于板甲的重量较轻，更易于披戴。

养兵

没有战事时，骑士需要养精蓄锐，不能荒废武技。因此，骑士会参加模拟战斗竞赛和其他类型的格斗。从 12 世纪开始，战斗竞赛愈来愈受人欢迎，结果演变成一项娱乐活动。乱斗是指一群骑士分为两组进行打斗的模拟战斗。马上枪术则是两人之间互相用矛攻击的较量。

马上枪术

马上枪术的目标是将对手从马上挑下。两个骑士互相向对方发起冲击，用手中的长矛刺击对方。15 世纪开始，互相攻击的骑士之间多了块叫做斜板的隔栏。比赛时骑士所用长矛的矛头都是钝的，以免受重伤。

战斗竞赛

　　骑士队伍之间的战斗竞赛给骑士提供了展示与提高马术和武术的机会。最早的战斗竞赛在 11 世纪的乡郊举行，最后一次战斗竞赛是在 17 世纪举行的。

护颈

护肘

头盔

马头盔

臂甲

出兵

中 世纪的骑士在踏上战场时身着全身披甲。铠甲可以抵御剑箭斧刃的伤害。骑士的坐骑也披挂盔甲。如果骑士跌下马，或马匹在作战时受伤，他将处于极为不利的境地。

16 世纪的骑士

当时的骑士全身披甲，以求全方面防御。他们在地面作战时使用长剑。而更早之前的骑士穿的是锁子甲，地面作战时用的是短剑和盾牌。

长剑

护臀

马盔

一个骑士最大的支出，便是他的马。因为他的马也需要作战中的保护措施。马盔包括保护头部和颈部的装甲，保护胸部和后半身的铁板以及马蹄铁。马身也会披上展示骑士纹章的马衣或装饰性的外披。

马头所戴铠甲称为马盔

城堡的消亡

当大炮和火药踏上战场，城堡便开始渐渐失去了作用。大炮给攻方提供了更强大、更实用的攻陷城堡的方式。有些较富有的贵族有能力修建可抵挡炮火的城堡，但大部分贵族没有这样的能力。另外，到了 15~16 世纪，国王更加依仗的是雇佣军作战。这意味着，国王再也不需要从贵族那里获得军事服务，因此贵族也不再需要城堡了。

你知道吗？

阴森森的城堡并不适合居住。在贵族不再出于安全原因居住在城堡后，他们迁去了装备有当时最新奢侈品的大庄园。

火药和大炮

一千多年前，中国发明了火药。直到中世纪末期，欧洲人才发现火药和大炮结合的威力。火药使得炮弹可以以极强的冲力射出。

填充栓

火药

炮膛

火药通过火门被点燃

拖车

铁炮管

石炮弹

平地惊雷

火药主要由三种原料制成：硝石（从肥料中提取），硫磺（靠挖掘获得），以及木炭（部分成分为烧过的木头）。

木炭2份

硫磺3份

硝石15份

作战前线

大炮近距离平射时威力最大，但近距离射击城墙意味着炮手极易受到守兵攻击。因此，炮手的酬劳非常高，而且因勇气而倍受尊敬。不幸的是，没有多少炮手能存活下来，享受酬劳。

著名勇士

许多骑士和武士骁勇善战，受人仰慕。他们成为了英雄主义的代表，名流千古。后来，当政的国王或王后对他们觉得应受嘉奖的人，赐予骑士头衔。这一传统延续至今。

"狮心"理查王

理查一世国王史称英格兰最后的勇士之王。他在位的大部分时间都在率领十字军东征中度过。他的勇气和胆量为他赢得了"狮心"的称号。

查理曼大帝

约在公元前 774 年，查理曼大帝建立了中世纪骑士团。骑士来自帝国各地。帝国的疆域横跨西欧，包括德国、法国、意大利。

兰斯洛特爵士

　　兰斯洛特爵士作为一位骑士英雄被写入传奇。他是亚瑟王圆桌骑士团成员之一。他为人浪漫，与心爱的桂妮薇儿王后私奔的故事也为人传颂。

圣佐治

　　在宗教故事中，圣佐治以屠龙闻名。传说他英勇地杀死了一条毒龙，并使遭到毒龙洗劫的小镇的全镇人皈依天主教。

圣女贞德

　　贞德曾带领法军在英法百年战争中取得多次重要胜利。她宣称自己目睹了上帝的仪容，而上帝则告诉她要从英国人手中夺回法国领土。

伊里亚穆罗梅茨

　　伊里亚穆罗梅茨是位俄罗斯骑士，据说他拥有超人的力量，能单枪匹马击退入侵者。他在暮年时成为了一名僧侣，并被封为圣徒。

中世纪人生

现在轮到你来做个中世纪著名的骑士了！

想象一下自己是个中世纪著名的骑士。再读一下本书第 28 页和第 29 页，想想你最喜欢的骑士是哪一位，原因是什么。然后画本图册，在图册上要写上你的姓名、你杰出的战绩，并贴上你的相片、绘制你的纹章。

以下是一些可以帮助你完成图册的提示：

1 你会给自己起个什么样的骑士名称？

2 你的纹章会是什么样的？

3 你特别擅长的技能是什么？

4 有什么会让你名传千古？

知识拓展

粪坑 (cesspits)
收集排泄物的坑。

假营地 (decoy)
用以迷惑敌军的假帐篷。

休耕地 (fallow)
曾经被开垦过，但被闲置了一段时间的田地。

侧翼 (flank)
军阵的左右两侧。

要塞 (fortification)
特别为防守而建的防御建筑。

继承人 (heirs)
合法继承祖辈财产或地位的人。

雇佣军 (mercenaries)
职业军人，为军饷而战。

贵族 (noblemen)
出身高贵，家族显赫。

矛兵 (pikemen)
配备长矛的兵。

农奴 (serf)
被封建制束缚，在地主的土地上劳作的人。

勇士 (warrior)
作战经验丰富且战绩显赫的武士。

Discovery Education探索·科学百科（中阶）

探索·科学百科™

Discovery
EDUCATION

世界科普百科类图文书领域最高专业技术质量的代表作

小学《科学》课拓展阅读辅助教材

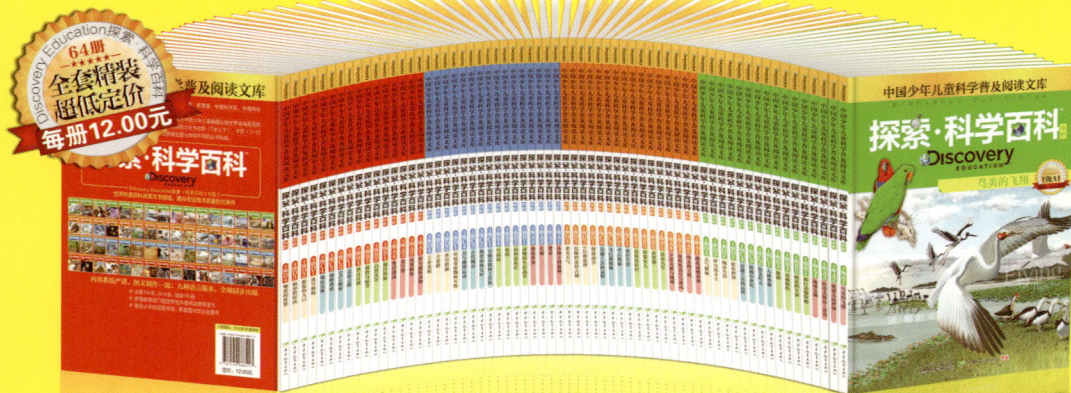

64册
★★★★★
全套精装
超低定价
每册12.00元

Discovery Education探索·科学百科（中阶）丛书，是7~12岁小读者适读的科普百科图文类图书，分为4级，每级16册，共64册。内容涵盖自然科学、社会科学、科学技术、人文历史等主题门类，每册为一个独立的内容主题。

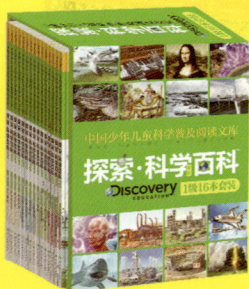

Discovery Education
探索·科学百科（中阶）
1级套装（16册）
定价：192.00元

Discovery Education
探索·科学百科（中阶）
2级套装（16册）
定价：192.00元

Discovery Education
探索·科学百科（中阶）
3级套装（16册）
定价：192.00元

Discovery Education
探索·科学百科（中阶）
4级套装（16册）
定价：192.00元

Discovery Education
探索·科学百科（中阶）
1级分级分卷套装（4册）（共4卷）
每卷套装定价：48.00元

Discovery Education
探索·科学百科（中阶）
2级分级分卷套装（4册）（共4卷）
每卷套装定价：48.00元

Discovery Education
探索·科学百科（中阶）
3级分级分卷套装（4册）（共4卷）
每卷套装定价：48.00元

Discovery Education
探索·科学百科（中阶）
4级分级分卷套装（4册）（共4卷）
每卷套装定价：48.00元